O FATOR HUMANO
NA MANUTENÇÃO

O FATOR HUMANO NA MANUTENÇÃO

MILTON AUGUSTO GALVÃO ZEN

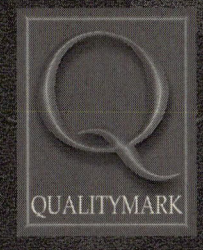

QUALITYMARK

Copyright© 2019 by Milton Augusto Galvão Zen

Todos os direitos desta edição reservados à Qualitymark Editora Ltda.
É proibida a duplicação ou reprodução deste volume, ou parte do
mesmo, sob qualquer meio, sem autorização expressa da Editora.

Direção Editorial	Produção Editorial
SAIDUL RAHMAN MAHOMED editor@qualitymark.com.br	EQUIPE QUALITYMARK
Capa	Editoração Eletrônica
WILSON COTRIM	MS EDITORAÇÃO

CIP-Brasil. Catalogação-na-fonte
Sindicato Nacional dos Editores de Livros, RJ

M533L

Zen, Milton Augusto Galvão
O fator humano na manutenção / Milton Augusto Galvão Zen. – 1. ed. – Rio de Janeiro : Qualitymark Editora, 2019.
136 p. : il. ; 23 cm.

Inclui bibliografia
ISBN 85-7303-524-2

1. Manutenção. 2. Fator Humano. 3. Qualidade. 4. Produtividade I. Título.

04-2279

CDD: 658.88
CDU: 658.897

2019
IMPRESSO NO BRASIL

Qualitymark Editora Ltda.
Rua José Augusto Rodrigues, 64 – sl. 101
Polo Cine e Vídeo – Jacarepaguá
CEP: 22275-047 – Rio de Janeiro – RJ

www.qualitymark.com.br
E-mail: quality@qualitymark.com.br
Tels.: (21) 3597-9055 / 3597-9056
Vendas: (21) 3296-7649

Dedicatória

Dedico esta obra aos ícones da minha vida: meu pai, Milton Máximo Zen; minha mãe, Neide Barros Galvão Zen; minha esposa, Thelma Thais Cavarzere; e, sobretudo, ao meu Criador, o meu Pai Celestial. Quero também mencionar os colegas de trabalho, que ao longo de minha vida profissional vêm contribuindo e incentivando a publicação dessa segunda obra. O meu muito obrigado a todos!

O Gestor

"Cem por cento de meu papel
é manter a equipe feliz
e com todo o apoio necessário,
de forma a obter
o melhor resultado possível,
maximizando o ganho
e o lucro empresarial."

Milton Augusto Galvão Zen

Prefácio

Podemos comparar uma empresa a uma família?

Uma família é constituída pelo amor que une seus fundadores com o objetivo de perpetuarem este sentimento e a sua própria espécie.

Os produtos desta sociedade, os filhos, trazem consigo todas as características de seus fundadores.

São características especiais, além das genéticas, que permitem a fácil identificação de sua origem.

Os princípios morais, o caráter, o respeito entre seus membros e para com seus semelhantes, a responsabilidade, a coragem, a lealdade, a justiça, a ética, as ambições, a honra, a caridade, a fé enfim. Estas marcas são gravadas de forma indelével em cada um dos produtos e, salvo más influências, são transmitidas às próximas gerações. É conhecida e verdadeira a expressão "pelo fruto conhece-se a árvore".

O mesmo se dá numa empresa.

Aliás, os especialistas em relações comerciais já perceberam que o cliente, cada vez mais, reconhece a forma como os colaboradores da empresa se comportam. O cliente valoriza e apóia as ações sociais das empresas. Torna-se fiel a elas no momento em que lhe pareça semelhante.

Uma empresa com princípios morais adequados muito raramente terá em seus quadros pessoas que não compartilham da mesma convicção.

Não bastam as palavras, mas os atos.

E não bastam os atos, mas as razões que os motivaram.

Tive o privilégio de conhecer o autor desta obra. Procurou ele sintetizar aqui sua crença, confirmada por seus próprios atos aos quais atesto e admiro.

Por certo, existirão alguns poucos maldosos que empregarão os mesmos preceitos aqui preconizados com fins mesquinhos. Buscarão meios de iludir o próximo e deles extrair-lhes o sumo. Estes não deixarão saudades. Rapidamente serão reconhecidos e degredados.

Mas esta obra se destina a você, leitor, que busca ensinamentos tão simples como profundos para aprimorar sua boa vontade. Estou certo que aqui se satisfará.

Há tempos refiro-me ao colega da manutenção como um guerreiro. Empresto, então, de São Paulo suas palavras a Timóteo, ousando dizer:

Guerreiros da Manutenção! Combatamos o bom combate, completemos a caminhada, guardemos a fé.

Tarcísio D'Aquino Baroni Santos

Sumário

Introdução 1
   O porquê deste livro 3

1. Gerenciando e Coordenando 5
   Empresa Não é Casa de Caridade!!! 7
   O que é Negócio? 10
   Fatores de Um Negócio 11
   Conseqüência dos Fatores Influenciadores 14
   Complementos de Um Negócio 16

2. Gestor de Equipes 19
   Introdução 21
   Do Nascimento ao Início da Carreira Profissional ... 23
   • Perfil do profissional especializado 23
   • A criação e o nascimento 24
   • A criança 25
   • O adolescente 25
   • A idade do discernimento 26
   • A influência dos pais 26
   • O início da carreira profissional 27
   • A competência do novo profissional 28

O Administrador de Negócios 31
- Deve comportar-se como um estadista 31
- Deve agir como um estrategista 31
- Deve ser um agente de mudanças 32
- Deve ser um catalisador de resultados 32
- Deve ser um gerenciador de processos 33
- Deve ser um técnico 33
- Deve ser um diplomata 34
- Deve ser um negociador 34
- Deve ser um educador 35
- Deve ser líder dos líderes 36
- Deve ser um exemplo 36
- Deve saber cultivar valores 37
- Deve saber o que é ser Zen 37

3. Gerindo Seres Humanos 39
- Liderança – seja um líder 41
- Desenvolva a flexibilidade 42
- Incentive sua criatividade 42
- Tenha orientação global 42
- Esteja capacitado para a incerteza 43
- Desenvolva a habilidade de comunicação 43
- Desenvolva a habilidade em discernir 44
- Tenha domínio da tecnologia 44
- Tenha boas condições físicas e emocionais 44
- Busque a verdade 45
- Tenha fé 46
- Seja humilde 46
- Viva com ética 46
- Mostre envolvimento 47

- Acredite sempre 47
- Rejeite o cinismo 48
- Seja confiante 48
- Resista à pressão 48
- Fale abertamente 49
- Aceite a controvérsia 49
- Tenha responsabilidade 50
- Posicione-se a todo instante 50
- Seja persistente 50
- Aceite servir 51
- Aceite seguir 51
- Demonstre respeito 52
- Demonstre vontade 52
- Reconheça o valor do próximo 52
- Tenha a visão do cliente 52
- Sinta amor pelo que faz 55

4. A Mediocridade 57

5. O Livre Arbítrio 61
- Princípio da atitude 63
- Princípio comportamental 63
- Princípio tecnológico 64
- Princípio integrativo 65

6. O Perfil Profissional Básico 69
- Supervisor de Manutenção 71
- Engenheiro de Manutenção 73
- Mestre de Manutenção 76
- Técnico de Manutenção Mecatrônico 78
- Mecatrônico (eletricista/eletrônico/mecânico) 79
- Lubrificador de Máquinas e Equipamentos 81

7. Conheça a Ti Mesmo 83
  • Auto-avaliação 85
  • Levantamento de sua imagem junto
    aos seus colaboradores 90
  • A seus colaboradores 94
  • Opinião de seus clientes 98

8. A Espiritualidade Corporativa 107

9. Conclusão 113

Referências Bibliográficas 117

Introdução

O porquê deste livro

Tudo começou com a educação que recebi de meus pais, que sempre procuraram ensinar que a vida humana é a parte mais importante de tudo aquilo que passamos em nossa existência. Aliada a esse fato, a experiência espiritual adquirida na convivência com minha esposa me permitiu vivenciar situações diversas e reconhecê-las como especiais.

Minha carreira profissional começou em 1975 como técnico eletrotécnico, tendo sido indicado pela empresa para colaborar como profissional de segurança do trabalho pelo meu compromisso e envolvimento com os objetivos da vida humana.

Iniciei minha carreira como engenheiro em 1981. Foi a partir desse momento que comecei minhas experiências como gestor de equipes. Estudei administração de empresas por entender que como engenheiro me faltava algo para gerenciar aqueles a quem liderava. Esse estudo acelerou minha percepção do ser humano.

Em 1987, tive a oportunidade de trabalhar coordenando equipes que não eram diretamente minhas subordinadas. Era chegado o momento de obter resultados sem ter autoridade sobre elas, sendo necessária uma nova abordagem para obter resultados. Esse aprendizado alçou-me a cargos maiores na indústria automobilística.

Em 1992, voltei a ter a oportunidade de gerenciar equipes ligadas diretamente a minha pessoa. Chegou o momento de pôr em prática tudo aquilo que aprendi ao longo de minha carreira profissional. A absorção e a aplicação dos princípios de 5S, MPT, RCM e Kaizen colaboraram em muito para o reconhecimento ainda maior do ser humano no ambiente de trabalho.

A partir de 1995 comecei a escrever as experiências pelas quais havia passado e a divulgá-las em palestras.

Assumi, em 1998, um compromisso formal como professor e coordenador de curso de pós-graduação e de cursos de atualização na área de manutenção. Foi também nesse ano que assumi responsabilidades como gerente de coordenação da engenharia de segurança do trabalho, onde coloquei em prática minha experiência nessa área.

No sentido de aprimorar-me, iniciei em 2000 a pós-graduação em engenharia de segurança do trabalho, fato esse que me permitiu uma absorção mais rápida dos princípios do ser humano no ambiente do trabalho. A responsabilidade crescente pelo aspecto do meio ambiente acrescentava oportunidades de melhoria para todos aqueles a quem gerenciava.

Em 2002, recebi um desafio de não apenas escrever e publicar artigos técnicos ou sobre o ser humano no ambiente do trabalho. Como resultado de toda essa experiência nasceu o primeiro livro, *Gestão Estratégica e o Fator Humano na Manutenção*, uma parceria com o colega Alan Kardec, com o apoio da Abraman e da Qualitymark Editora.

Agora, em 2004, nasceu este livro, uma atualização e complemento do anterior que, tenho certeza, será, com a Graça de DEUS, um material de leitura aprazível para todos aqueles que possam trabalhar com equipes ao longo de sua carreira profissional.

Um grande abraço.

Milton Augusto Galvão Zen

I. Gerenciando e Coordenando

Empresa Não é Casa de Caridade!!!

Em séculos passados, a obtenção de lucro era considerada um absurdo, um pecado. Hoje, o lucro faz parte da perenidade do negócio. O lucro excessivo pode ser antiético, porém é legal.

O preço é para o consumidor brasileiro uma condição ainda preponderante. Muitas decisões de compra ocorrem por questão de centavos.

Uma economia como a nossa, onde, em pleno século XXI, 70% da produção de automóveis são de veículos 1.0, que custam por volta de US$ 7,500.00 e que representam um grande problema de exportação para o nosso país, visto a dificuldade de colocar esse tipo de produto no mercado externo.

Até que ponto uma economia globalizada pode conviver com o lucro excessivo? O número de pobres no mundo tem crescido e os governos não têm encontrado soluções que tragam resultados satisfatórios.

E as empresas? Com o que podem contribuir? Elas têm a obrigação de contribuir?

Sem dúvida algumas empresas podem e devem contribuir. A responsabilidade social é hoje um dos pontos que mais se destacam em uma avaliação por parte dos consumidores quando compram os produtos por elas fabricados.

O chamado terceiro setor tem crescido bastante nos últimos anos e, melhor do que isso, está cada vez mais profissional. As Organizações Não-Governamentais não representam mais uma atividade desconhecida. Atuam em todas as áreas, de atendimento social, passando por atividades de ensino e treinamento e meio ambiente.

Mas, voltando ao campo das empresas, elas podem contribuir realizando um bom gerenciamento de suas atividades empresariais, buscando alcançar resultados de forma a permitir a geração de empregos sempre crescentes, fornecendo produtos de alto valor agregado.

As gestões adequadas de seus recursos, sejam eles materiais, financeiros ou humanos, resultarão em um fator de perenidade. Empregos diretos e indiretos serão criados e a economia iniciará um processo de crescimento e de desenvolvimento.

Ter uma boa linha de produtos, que representem necessidade ou desejo especial do cliente, permitirá maior mobilidade no campo preço. Se, entretanto, o produto já se transformou em *commoditie*, essa maleabilidade torna-se mais difícil. O espaço de trabalho será apenas na área do preço final. Nessa condição ficará quase impossível conquistar e manter um mercado junto ao consumidor final.

Acredito que os leitores concordarão que uma das causas do desemprego é a falta de qualificação, que está ligada diretamente ao conhecimento humano, de como realizamos a administração do negócio. Assim, o fator primordial para a sobrevivência de uma empresa em um mercado altamente competitivo passa obviamente pelo conhecimento.

O conhecimento humano é hoje a base fundamental para o desenvolvimento e para a correta aplicabilidade dos princípios empresariais. Além disso, todo esse conhecimento deve ser utilizado dentro dos princípios éticos.

O aproveitamento de profissionais que tenham bom trânsito em todos os aspectos empresariais é primordial para a perenidade do negócio.

Nosso trabalho, nossa sobrevivência!

Tenho certeza de que todos temos como objetivo principal em nossa vida viver de forma digna, segura e alegre. E que o objetivo de nosso trabalho é produzir bens e/ou serviços que satisfaçam as necessidades de sobrevivência de nossos familiares e semelhantes. Isso nos faz lembrar que sempre atribuiremos valor a todo produto ou serviço que satisfaça às nossas necessidades.

Portanto, nosso trabalho deverá estar sempre conectado diretamente ao valor que é agregado ao ser humano. Assim, todo trabalho que não agregue valor ao nosso semelhante deve ser eliminado para nosso próprio benefício. Como resultado, podemos dizer que nosso trabalho deve ser conduzido dentro das organizações de forma a gerar negócios.

Assim sendo, pergunto: o que você está fazendo para manter e desenvolver o negócio da empresa para a qual trabalha, ou mesmo para a sua própria atividade?

O que é Negócio?

Negócio é um conjunto de pessoas que se reúnem para processar energia, materiais, informação e conhecimento, de forma a satisfazer as necessidades de sobrevivência da sociedade.

O negócio vive em função da sociedade que o cerca e para quem ele se dedica. Assim, um negócio pode ser uma área de manutenção, uma área de produção, uma simples loja de peças, ou ainda um posto de trabalho dentro das organizações.

Somos presidentes de nosso próprio negócio dentro das empresas para a qual trabalhamos. Isso significa que temos, em princípio, autonomia e responsabilidade em nossas atividades.

Ter autonomia significa exercer autoridade sobre o seu processo de trabalho e realizá-lo sem interferências e por iniciativa própria.

Ter responsabilidade significa atingir metas para atender a satisfação de nossos semelhantes que dependem do fruto de nosso trabalho. Portanto, devemos produzir produtos e serviços de alta qualidade e alto valor agregado, baixo custo, com boas condições de entrega, além de incentivar e motivar as nossas equipes, zelando pela segurança das mesmas e do meio ambiente.

A responsabilidade pelo sucesso de um negócio é de todos e também de cada um de nós.

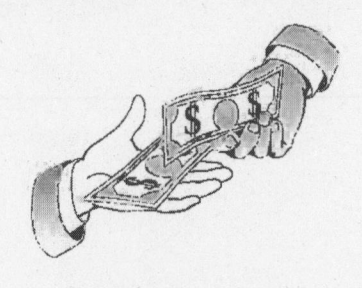

Milton Augusto Galvão Zen

Fatores de Um Negócio

Complementando o que já escrevemos até agora, podemos dizer que os seguintes fatores são altamente influenciadores para a obtenção de resultados empresariais, ou seja, constantes mudança e evolução.

Esses fatores são: Visão, Valores, Estratégia, Recursos, Capacidade, Motivação, *Feedback*.

Visão

Significa algo que desejamos ser, ou seja, significa dirigir nossa vista ou olhar fixamente para o que queremos alcançar no futuro.

Falar sobre o que significa ter visão passa pela etapa inicial de analisarmos o que somos hoje e realizarmos uma reflexão sobre onde chegar. Assim teremos uma idéia do que efetivamente podemos alcançar.

Esta é a situação prevista para o futuro da organização.

Valores

Significa ter normas ou princípios, ou padrões sociais e morais aceitos pelos indivíduos ou pela sociedade.

Uma empresa é composta por seres humanos que, por sua vez, são seres sociais, e, portanto, primam por resultados que respeitem seus valores.

Em outras palavras, podemos adotar como sendo o preceito básico estabelecido pelos atuais líderes da organização e que devem balizar as ações da empresa na busca da realização de sua visão de futuro.

Estratégia

É a arte milenar de planejar e executar movimentos e operações visando alcançar ou manter posições relativas e potenciais situações favoráveis a futuras ações táticas sobre determinados objetivos. Representa também escolher onde, quando e com quem travar um combate.

Podemos adotar a definição de uma ação de longo e médio prazos necessária para se atingir a visão, caminho a ser seguido pela organização para garantir sua sobrevivência em longo prazo.

Recursos

Representam tudo aquilo que podemos fazer para o atendimento de nossa visão. Tais recursos são: humano, material e financeiro.

São, portanto, todos os meios que podemos utilizar em busca de soluções para nossos desafios.

Capacidade

É a habilidade que a pessoa tem para atingir um determinado fim.

Podemos descrever como sendo a quantidade de energia que uma pessoa ou empresa pode fornecer sem que seja alterada irreversivelmente sua constituição, ou seja, mantendo-se em condições adequadas.

Motivação

Essa palavra é oriunda de motivo, que representa algo que pode fazer mover, motor. Ou, ainda, que causa ou determina alguma coisa.

Motivação é intrínseca ao ser humano, representa algo que está dentro de uma pessoa e que lhe é próprio.

Ter motivação significa ter energia para mover-se em direção ao que se deseja. Vem de uma energia interior que nos faz nos movermos por algo que acreditamos e, portanto, queremos muito.

Feedback

Dar *feedback* significa dar retorno a alguém sobre uma situação que vivenciamos em conjunto.

Representa uma das ações mais difíceis de se realizar, visto que o ser humano tem dificuldades de prover *feedback* a si mesmo.

Nossas percepções estão sempre voltadas para o exterior. Percebemos tudo que vem do exterior ao nosso corpo. Entretanto, não somos treinados a olharmos para dentro de nós mesmos e nos percebermos em nossas ações diárias.

O *feedback* representa uma ação de extrema importância para a verificação constante de se nossos caminhos e objetivos estão sendo alcançados.

Conseqüência dos Fatores Influenciadores

Iremos analisar agora o resultado da união ou falta desses fatores no nosso dia-a-dia em um ambiente empresarial competitivo.

Mudança

Quando temos a conjunção de todos os itens anteriores o resultado será sempre um processo de mudança e conseqüente melhoramento contínuo.

A mudança é a única constante em nossa vida. Entretanto, ela pode apresentar resultados diferentes quando não possuímos todos esses componentes, como poderemos ver a seguir.

Confusão

A falta de visão resulta na falta de direção, propiciando resultados confusos e inadequados.

Corrupção

Boa parte das empresas trabalha hoje dentro de parâmetros sociais bem aceitos e uma forma de representá-los é através do código de ética.

A corrupção representa atualmente um grande fator de perdas empresariais e sociais.

Difusão

A falta de estratégia resulta em difusão, ou seja, a perda ou desvio do melhor caminho no ambiente empresarial.

Muitas das empresas que nascem anualmente se perdem já no primeiro ano, justamente porque não traçaram uma estratégia determinada.

Frustração

A falta de recursos traz consigo a frustração. Quando não possuímos recursos materiais, humanos ou financeiros suficientes, há perdas imediatas, causando, ao longo do tempo, a falência da empresa.

Fadiga

A falta de capacidade resulta em fadiga – não confundir falta de capacidade com falta de recursos. Ter recursos não significa que possuímos, em contrapartida, capacidade.

Lentidão

A falta de motivação resulta em lentidão, visto que a vontade é interior. Uma pessoa desmotivada não tem energia.

Muitos dizem que realizam coisas sem acreditarem ou mesmo sem amor. É óbvio, portanto, que o resultado será insuficiente e aquém do esperado.

Dúvida

A falta de *feedback* resulta em dúvida. Todas as vezes que deixamos de obter retorno de nossas ações, ficamos sem a condição básica de verificar se nossa direção está adequada, e, portanto, perdemos a chance de realizar um replanejamento de nossas ações.

Complementos de Um Negócio

Missão

Descrição das funções da organização. A missão será sempre determinada com os olhos voltados para as pessoas (mercado). A missão fundamental de qualquer negócio é sempre a satisfação das pessoas. A missão de uma empresa define o seu papel na sociedade e a missão de um departamento define o seu papel dentro da empresa.

Tática

São as ações de curto prazo conduzidas sobre os meios para atingir as metas desejadas.

Política

São orientações para medidas futuras baseadas em experiências passadas ou em crenças e valores. Representa uma sistemática de regras respeitantes à direção do negócio.

Objetivo

É o direcionamento da ação, ou, ainda, a direção a ser seguida.

Cabe observar que os dicionários não explicam o que é meta e o que é objetivo de forma precisa.

Meta

Resultado a ser atingido no futuro, sendo a meta constituída de três partes: objetivo, valor e prazo.

Medida

Mudança de curto prazo a ser conduzida no processo para que se consiga atingir uma meta. Medidas são ações sobre os meios a serem utilizados.

Diretriz

É composta por uma meta e pelas medidas prioritárias e suficientes para atingi-la.

É interessante observar que a diferença entre diretriz e política é que diretriz se refere a um conjunto de meios (procedimentos) necessários para se atingir uma meta (que está no futuro), e política também se refere a um conjunto de meios, mas são estabelecidos como produto de crenças, de valores, ou de experiência (passado).

2. Gestor de Equipes

Introdução

As mudanças constantes e o incentivo à multifuncionalidade nos trazem a necessidade de atualização educacional através de cursos internos, externos e de autodesenvolvimento, de forma a suprir as oportunidades de melhoria em um ambiente cada vez mais competitivo.

A integração com os colegas de produção, planejamento, compras, vendas, finanças e outras áreas tornou-se muito importante, visto permitir uma ampliação do próprio conhecimento dos processos industriais. Este conhecimento procura garantir uma agilização do atendimento às necessidades empresariais.

Como exemplos de cursos que são utilizados para essa alavancagem, temos:

- Preparação de multiplicadores.
- Negociação.
- Gerenciamento do falar em público.
- Criatividade.
- Engenharia de análise de valor.
- O executivo moderno.
- A importância da manutenção na empresa moderna.
- Programa de automotivação para a qualidade total.
- Programação neurolingüística.
- Custos industriais.
- Planejamento empresarial.
- Vendas – Atendimento ao Cliente.

Do Nascimento ao Início da Carreira Profissional

Perfil do profissional especializado

Na área técnica constata-se que não existem escolas que visem à formação de engenheiros ou técnicos de manutenção. Infelizmente, o aprendizado da arte da manutenção inicia-se pela improvisação do engenheiro ou técnico na sua execução e controle, prossegue com a realização de cursos de aperfeiçoamento de curta duração, de especialização e até mesmo de pós-graduação. Passa por estágio em empresas nacionais ou multinacionais e acaba por solidificar seus conhecimentos atuando efetivamente nas empresas, nos seminários e nas associações setoriais e nacionais de manutenção.

Infelizmente, não é uma atividade atraente para o engenheiro ou o técnico recém-formados, visto os mesmos não receberem informações suficientes sobre a arte da manutenção nos cursos regulares. Mas, com certeza, a manutenção está crescendo em importância e as escolas que se atualizarem propiciarão um campo de trabalho bastante amplo para seus formandos.

Enquanto a especialização não acontece, é preciso acreditar em treinamento. A empresa, ou área prestadora de serviços de manutenção, deve investir na idéia de que as pessoas querem colaborar e necessitam ser treinadas.

Iremos discutir agora alguns pontos importantes na rotina de nossas áreas relativos ao ser humano na manutenção. Para tanto, seguiremos algumas etapas, que poderão ser assim divididas:

A criação e o nascimento

Fazendo um "pequeno" esforço de memória, poderemos nos lembrar que em uma data memorável nossos pais encontraram-se e, através daquilo que muitos chamam de a maravilha da vida humana, deram início a um ser que estaria vindo ao mundo cerca de nove meses depois.

É chegado o momento da bandeirada final. Cá estamos, animados para uma nova vida, cheia de novidades.

Milton Augusto Galvão Zen

A criança

Em nossos primeiros anos recebemos toda atenção. Somos tratados como o centro do mundo. Tudo é feito para nossa satisfação, ganhamos os nossos bichos de pelúcia, o nosso cachorrinho, o nosso velocípede, o nosso carrinho e a nossa bicicleta. Iniciamos uma aprendizagem de como sermos individualistas – afinal, o movimento dos que nos cercam é totalmente realizado para nossa satisfação.

Aprendemos, então, algo que desconhecíamos: a individualidade aliada ao egoísmo.

O adolescente

Crescemos dia a dia. Estamos em processo constante de desenvolvimento. É chegado o momento da escola e de conviver com outras crianças. Ao chegarmos na sala, ganhamos o nosso espaço: uma linda carteira ou banco escolar. Um espaço só nosso, que não precisamos dividir com ninguém. Cada um em seu mundinho. Pelo menos no período do dia em que estamos na escola.

A idade do discernimento

Com o tempo, crescemos mais. A adolescência chega. Os primeiros namoricos, e lá vamos nós novamente. Precisamos cultivar aquilo que de melhor possuímos. Queremos chamar a atenção daquela pela qual nos sentimos atraídos e queremos namorar.

A individualidade se desenvolve ainda mais e cresce conosco.

A influência dos pais

Muitos pais, na inocência e na vontade de fazer o melhor pela criança, acabam incentivando ainda mais a individualidade, apoiando-se nos princípios em que foram educados. Muitos aprenderam que nossas decisões deveriam sempre levar em consideração apenas o que nos interessava. Isso significa não compartilhar e não desenvolver nossas atividades em grupo. Muitos tentaram trabalhar em equipe no período escolar, mas não conseguiram.

O início da carreira profissional

Devemos chamar a atenção. A primeira entrevista, a primeira carreira, o primeiro emprego. Descobrimos a disputa, e a orientação que muitos receberam é a de destruir para garantir o seu espaço. O individualismo é ainda mais realçado.

O que se espera hoje do novo profissional?

A resposta é simples. Espera-se que saiba trabalhar em grupo, em equipe, para enfrentar todos os desafios de um mercado competitivo.

E onde, em nossa formação, tanto familiar quanto escolar, fomos orientados a desenvolver esse tipo de trabalho em parceria, compartilhado?

As empresas procuram claramente profissionais que conheçam e incentivem o desenvolvimento do espírito de equipe. As ações individuais estão sendo substituídas por trabalho em grupo, em equipe.

A competência do novo profissional

Abrir-se para o novo, aprender a deixar fluir e a liberar o potencial criativo, pressupõe disposição para mudar e para se conhecer.

Ousar na busca de respostas inovadoras é uma tarefa que cada um de nós traz como bagagem, de uma realidade que não tolerava o erro e a fraqueza.

Compartilhar decisões, informações e riscos depende de uma nova forma de compreender e lidar com o poder e com a competição.

Tornar-se mais assertivo, ao dizer o que pensa e o que é preciso fazer, é desafio que exige coragem para enfrentar pessoas de posição hierárquica mais elevada, vistas até então como merecedoras de respeito e também de reverência.

Superar velhos conceitos e crenças ultrapassadas demanda apoio para o autoconhecimento, até porque a maioria das nossas crenças autolimitadoras não pode ser percebida sem ajuda externa.

Tornar-se mais capaz de agir no tempo certo e de perceber oportunidades é tarefa que exige um estado de atenção muito difícil de experimentar quando estamos dissociados, agitados e estressados.

Desenvolver o potencial criativo pressupõe estímulo ao desenvolvimento da intuição e da percepção.

A parceria exige ambiente de aceitação do erro e capacidade de legitimar, compreender e administrar expectativas próprias e das pessoas envolvidas.

Milton Augusto Galvão Zen

Ter sucesso em um mundo dinâmico, mutável, no qual até os alvos são móveis, exige muito mais do que conhecimentos. É importante desenvolver a flexibilidade. E o aprendizado da flexibilidade pode esbarrar em limitações até de natureza corporal.

Pelo exposto, vemos que as necessidades de cumprimento de um alto grau de produtividade, aliado ao aspecto da administração participativa, pedem um novo profissional de manutenção.

Apresentaremos agora as funções básicas do gestor de um negócio de manutenção. Depois, passaremos a discorrer sobre algumas qualidades humanas e profissionais, às quais todos nós deveríamos em princípio estar conectados.

O Administrador de Negócios

As funções básicas do administrador de negócios podem ser resumidas assim:

Deve comportar-se como um estadista

O novo gestor deve contribuir para o desenvolvimento de uma sociedade sustentável. Deve conhecer o poder da empresa em que trabalha e qual o seu papel na sociedade, colaborando para o desenvolvimento da cidadania.

Deve estar sempre em busca de uma integração sistêmica, com a finalidade de alcançar o bem-estar geral, e deve se posicionar de acordo com os conceitos da globalização a que estamos todos sujeitos, visualizando a internacionalização da sociedade mundial.

Como profissional deve ter consciência de que o papel político da empresa transcende o meramente econômico.

Deve agir como um estrategista

Criar o futuro, definindo direções e posicionando o negócio de acordo com as megatendências, representa hoje uma das suas principais atribuições.

Necessita buscar continuamente a liderança, desenvolvendo a arte de chegar ao futuro em primeiro. Utiliza-se do pensamento e da intenção estratégica e não mais apenas do planejamento estratégico tradicional. Exercita e utiliza processos não lineares e nem racionais de reflexão estratégica.

Deve estar sempre em busca de novos modelos, alterando paradigmas e adaptando-se às novas tendências, deixando o lugar-comum da competitividade tradicional e procurando abrir novos espaços em um mercado cada vez mais competitivo.

Aliado às ações citadas, precisa buscar a sintonia entre a estratégia e a evolução acelerada do conhecimento humano, que seria, por si só, um capítulo à parte.

Deve ser um agente de mudanças

Como um profissional atuante, deve buscar atingir a estabilidade dinâmica, através de um novo conceito de desenvolvimento. Para isso, utiliza-se de estratégias inovadoras para a realização de mudanças e transformações.

Procura sempre sair do círculo vicioso e busca alcançar o círculo virtuoso, abandonando assim o lugar-comum. Sua estratégia é móvel, esquece o passado de forma seletiva, visto que ele já foi escrito e deve ser utilizado apenas como mais uma referência e não como uma verdade absoluta. "O passado é para se meditar e não para se reproduzir."

Deve ser um catalisador de resultados

Como gestor, o novo profissional precisa passar da viabilização do possível para a viabilização do impossível e estar sempre em busca de novas oportunidades. Criar desafios e estímulos de forma contínua, transcendendo o racional em busca da motivação. É necessário lembrar que motivação representa algo pessoal.

É um profissional que faz acontecer, tem competência para decidir e para negociar as necessidades assegurando a realização das ações no tempo e no espaço.

Milton Augusto Galvão Zen

Prima buscar a hipereficiência em alavancar recursos, otimizando sempre os ganhos e o lucro empresarial. Afinal, empresa não é casa de caridade.

Procura colaborar para o equilíbrio entre o risco e a recompensa, além de focar na antecipação e na prevenção.

Utiliza-se da filosofia do pense geral e aja local em situações de centralização ou descentralização e no pensamento global ou no doméstico.

Deve ser um gerenciador de processos

Nessa nova postura sabe passar da estrutura aos processos e de objetos às relações e dá ênfase à função integrativa, equilibradora. Ele busca, principalmente, agregar valor às ações.

Sabe transformar relação adversa com fornecedores e clientes para a de parceiros, e procura trabalhar sempre com a política do ganha-ganha, demonstrando, assim, o interesse em buscar a visão sistêmica ou holística da organização.

Sabe dar a devida importância à capacidade de comunicação, à competência em negociação e também aos desafios interculturais.

Deve ser um técnico

Como profissional sabe compreender as novas dimensões das funções da empresa, tais como Engenharia, Produção, Operação, Planejamento, Vendas, Marketing, Finanças, Recursos Humanos, Serviços etc.

Está sempre interessado em compreender a estrutura industrial de hoje e as mudanças para o amanhã, utilizando-se de uma visão refinada do funcionamento integrado da empresa no ramo industrial em que está inserida.

Sabe entender o potencial estratégico das tecnologias emergentes, tais como as de Informação, Telecomunicação, Fusão de Tecnologias, Biotecnologia, Meio Ambiente e Segurança do Trabalho.

Domina, portanto, as competências centrais que definem ou definirão o sucesso da empresa.

Deve ser um diplomata

Como profissional atualizado, deve possuir a arte de conciliar interesses, através de habilidades e técnicas refinadas de relacionamento pessoal. Desenvolve também aspectos interculturais profundos que possam colaborar para os relacionamentos internos e externos.

Sabe como representar a instituição ou a empresa, buscando um relacionamento adequado com o meio, a mídia e a sociedade. Para isso, colabora uma forte cultura geral, visto a necessidade de uma atuação de forma globalizada e internacional.

Necessita conhecer também os códigos de apresentação pessoal e de relacionamento social e suas variações multiculturais, tendo também fortes raízes éticas e de valores pessoais.

Deve ser um negociador

Sabe desencadear negócios e levá-los a um efetivo fechamento, buscando sempre garantir a lucratividade e a perenidade da empresa.

Conhece a arte de conquistar a confiança das pessoas e negociar sempre de maneira aberta e transparente, desenvolvendo os princípios da parceria.

Possui também estratégias eficazes de negociação, fundamentadas na empatia refinada, apoiando-se também nos princípios da neurolingüística. É, portanto, eficaz nas negociações internas e externas e sabe ser um catalisador de processos grupais.

Sabe também transformar conflitos em processos de conhecimento mútuo e de crescimento do grupo.

Deve ser um educador

Como gestor de recursos humanos, está sempre buscando o desenvolvimento da aprendizagem coletiva como fator-chave de sucesso para enfrentar os novos tempos. Procura trabalhar o que está adjacente aos fatos, tais como as premissas e as verdades de cada pessoa. Afinal, cada um tem a sua verdade.

Potencializa a inteligência agregada da organização, buscando o crescimento do QI do grupo. Otimizar o capital intelectual é, sem dúvida, uma das principais funções do gestor.

Milton Augusto Galvão Zen

Utiliza processos de simulação criativos na sua rotina de maneira a sintonizar o grupo a modelos mentais coerentes e viabilizar diálogos produtivos. Além disso, necessita usar técnicas modernas de educação para desabrochar o potencial das pessoas.

Deve ser líder dos líderes

Sabe potencializar a força humana da organização, através da busca contínua da motivação dos colaboradores.

O poder e a política na empresa são gerenciados pelos novos paradigmas, através da inovação do conceito de liderança de líderes, propiciando também a condução adequada das estruturas em constante mutação.

Sabe obter e assegurar a otimização da participação, do envolvimento e do comprometimento inovador, desenvolvendo também a capacidade de comunicação, realizando apresentações eficazes, além da competência em reuniões e entrevistas.

Deve ser um exemplo

Da mesma maneira que os filhos crescem olhando o exemplo dos pais, o gestor moderno deve buscar estar sempre motivado, posicionando-se na vida sempre de forma positiva e estimulante.

Milton Augusto Galvão Zen

Sabe demonstrar a transição necessária do conhecimento à sabedoria, de forma a ser exemplo ou modelo, procurando um desenvolvimento integrado, através da potencialização da força interior em busca do equilíbrio em todas as dimensões da vida.

Deve possuir auto-estima e imagem pessoal, além de competência em relacionar-se com as pessoas de forma nutriente. Possui também habilidades, como capacidade de abstração, intuição, criatividade. E busca sempre o autodesenvolvimento.

Deve saber cultivar valores

Utiliza-se de uma filosofia de gestão como essência das estratégias vitoriosas nos novos tempos, possuindo, além disso, uma visão ampla de mundo, por ser um fator essencial ao executivo global.

Demonstra saber desenvolver sempre uma cultura compatível com as demandas atuais e futuras, pois o passado foi feito para se meditar e não para se reproduzir.

Resgata constantemente os valores essenciais e da ética como base para uma boa organização e administração, posicionando sempre a empresa e as pessoas que nela trabalham, em busca do todo integrado e indivisível.

Deve saber o que é ser Zen

Não é uma filosofia nem uma religião, mas uma forma de encarar o mundo em que o presente é visto sem a preocupação com o futuro.

Descarta idéias preconcebidas, derivadas das estruturas mentais convencionais, proporcionando um modo de perceber e viver através do qual todos os acontecimentos, mesmo os mais banais, alcancem o mesmo nível de importância.

É uma espécie de conhecimento não convencional, que leva a uma mudança da consciência com o objetivo de torná-la maior e mais completa. Tem o objetivo de libertar o libertar, mas não pretende ser inserida em qualquer categoria de pensamento.

"Tudo que fizer, faça por *Amor*,
Se fizer por *Amor*, fará por *Prazer*,
Se fizer por *Prazer*, fará por *Lazer*."

Milton Augusto Galvão Zen

3. Gerindo Seres Humanos

3. Gerindo Seres Humanos

Antes de passarmos aos tópicos de qualidade e de postura do ser humano na manutenção, é interessante lembrar que a empresa deve e pode proporcionar a seus colaboradores treinamento centrado no ser humano, onde, sob a coordenação de profissionais habilitados, a pessoa possa refletir com maior profundidade sobre:

- *Auto-imagem*, onde se busca estruturá-la de forma positiva.
- *Autoconsciência*, que significa perceber-se como pessoa e profissional.
- *Autoconfiança*, que tem a finalidade de garantir os aspectos decisórios.
- *Automotivação*, que procura descobrir dentro do seu eu a força motivacional que supera as circunstâncias adversas.
- *Autodeterminação*, onde se trabalha bastante o binômio vontade e persistência de forma a alavancar os movimentos em prol dos objetivos traçados.
- *Autonomia*, que visa garantir o livre arbítrio para tomar decisões, errar, corrigir e aperfeiçoar.

Passemos agora a essas qualidades, que são, nos dias de hoje e para sempre, extremamente importantes:

Liderança – seja um líder

A tendência firme à descentralização, a filosofia das estratégias de negócios e a demanda de autonomia local estão produzindo maior necessidade de uma liderança multifuncional.

A liderança hierárquica está sendo substituída pela competitiva e compartilhada. O autoritarismo arbitrário e a forma manipuladora do trabalho precisam ser substituídos pela participação e pelo desenvolvimento de trabalhos em co-gestão, em equipe.

Desenvolva a flexibilidade

O novo profissional deve estar aberto a novas idéias e conceitos independentemente de sua origem técnica. Ele deve se empenhar em aprender sempre e estar pronto para questionar as idéias e sistemas existentes.

Incentive sua criatividade

No atual meio empresarial nota-se com muita ênfase a necessidade de ser criativo, de forma a acompanhar a velocidade dos eventos sociais, políticos, econômicos, culturais e, simultaneamente, ser capaz de focalizar o futuro.

É preciso estimular a capacidade criativa, de forma a gerar processos de mudanças nas organizações, no comportamento dos profissionais, além de facilitar uma conseqüente quebra de paradigmas e a formulação de antevisões.

A criatividade é um fator importante na diferenciação dos processos e procedimentos.

Tenha orientação global

É indispensável um grande interesse e conhecimento do desenvolvimento em todas as regiões e em todas as áreas de atividade.

Não é mais possível dizer: "Isso não me interessa" ou, ainda, "Isso não me diz respeito", "Não faz parte de meu descritivo de função".

Esteja capacitado para a incerteza

O profissional precisa conviver com a incerteza e com mudanças mais velozes, mas deve estar preparado para lidar com elas de forma mais consistente.

Desenvolva a habilidade de comunicação

O profissional eficaz deve ter grande habilidade em se comunicar dentro e fora do seu segmento/empresa. É freqüentemente solicitado a agir, podendo ter que mudar de atitude e lidar com a reação da comunidade.

Vários projetos foram perdidos ou mesmo adiados simplesmente por não estarmos preparados para transmiti-los conforme as necessidades.

Desenvolva a habilidade em discernir

O profissional de hoje precisa discernir entre as mudanças no panorama global que irão afetar diretamente suas necessidades ou a empresa e as que terão menor relevância.

Aspectos diversos afetam nossa rotina, e devemos estar atentos a todos eles para que possamos tomar as decisões mais adequadas às nossas necessidades e ao grupo.

Tenha domínio da tecnologia

É necessário ter habilidade para entender o significado das mudanças tecnológicas, porque elas poderão ter impacto em todas as áreas, incluindo as de Finanças, Marketing, Recursos Humanos e Produção.

A correta aplicação dos diversos recursos disponíveis, como financeiros, materiais e humanos, garante a perenidade de nossas empresas.

Tenha boas condições físicas e emocionais

Lidar com um ambiente mutante vai, inevitavelmente, criar estresse. Reduzi-lo a níveis administráveis e conviver com ele vão, sem dúvida, demandar muito preparo físico e emocional.

As necessidades de cumprimento de um alto grau de produtividade, aliadas ao aspecto da administração participativa, colocam para esta nova era também um novo profissional de manutenção, que deve desta forma estar inserido neste novo contexto.

Milton Augusto Galvão Zen

É importante considerar a co-responsabilidade de todos nos trabalhos integrados.

Será que o já discutido é suficiente para o bom desenvolvimento e desempenho profissional e social? Podemos, com certeza, responder que temos ainda muitas oportunidades para melhorar.

Aqui, vale uma frase que tenho por costume repetir:

"Reconhecer nossas qualidades é fácil, o difícil é reconhecer nossos limites e nossos pontos a desenvolver".

Sendo assim, colocaremos mais uma série de pontos de melhoria que devem ser considerados nos profissionais de hoje.

Busque a verdade

Buscar a verdade significa também se expor, além de estar disposto a correr riscos. A verdade nem sempre é fácil de se aceitar. Raramente é aquilo que se deseja.

A verdade pode colocar em risco, muitas vezes, sua segurança física, intelectual, pessoal, o seu emprego ou mesmo uma amizade. A questão ética determinará a busca necessária da verdade.

Tenha fé

Ter fé significa possuir uma chama interior que nos faz vencer obstáculos em nosso dia-a-dia. É algo que se possui e que é muito particular e pode também ser desenvolvido e ampliado.

Seja humilde

Uma das grandes oportunidades de desenvolvimento humano, pois nos possibilita reconhecer e trabalhar nossos limites e ampliar nossos horizontes.

Humildade significa respeitar as opiniões dos outros. Por isso, há quem diga que, de todas as virtudes humanas, é a mais difícil de ser adquirida.

Viva com ética

Ética é um produto da moralidade. Representa ações baseadas no conceito do certo e do errado.

Moral é uma filosofia pessoal baseada na capacidade de distinguir entre o certo e o errado.

Ética é também a aplicação, ou seja, é também um conjunto de princípios fundamentais para a vida e os negócios.

Milton Augusto Galvão Zen

Mostre envolvimento

Envolver-se significa efetivamente colocar seu coração na execução de tarefas profissionais ou mesmo nas de cunho humanitário.

Não devemos esquecer que os exemplos devem sempre ser fornecidos de cima para baixo, permitindo que aqueles que são nossos liderados possam apreender as informações e mudar seu aspecto de envolvimento.

O envolvimento provoca resultados mais consistentes e demonstra maior capacidade de realização.

Acredite sempre

Acreditar representa a capacidade de quebrar nossos próprios paradigmas.

É realizar uma auto-análise e verificar se ainda está com um pacote de idéias que não se engrenam com seus próprios valores e princípios de vida e substituí-las o mais rápido possível.

Acreditar em você mesmo representa uma grande ferramenta para atingir metas não só humanas como também profissionais. Aceite a possibilidade de acreditar em algo e defenda o seu ponto de vista.

Se não acreditarmos em nós, quem irá acreditar?

Milton Augusto Galvão Zen

Rejeite o cinismo

Discorde dos cínicos que, através de suas idéias, procuram tornar o mundo tão estéril para nós quanto o é para eles. O que trazemos de bom trabalhando com cinismo? Com certeza nada. Devemos inundar nosso ambiente de trabalho, ou mesmo o familiar, de pensamentos positivos, mais adequados às nossas necessidades diárias.

Seja confiante

Confiar no próximo representa um ato de coragem. Por que quando conhecemos alguém partimos do princípio de que devemos desconfiar da pessoa de imediato?

A confiança se perde e não se adquire.

Deixar sua posição de equilíbrio e conforto para confiar no próximo representa também estar disposto a arriscar e aceitar mudanças.

Resista à pressão

Temos aqui uma das grandes chances de exercitarmos até quando suportamos uma pressão para a realização de algo com o qual muitas vezes não concordamos.

Resistir pode representar a possibilidade maior de demonstrarmos adequadamente nossas idéias e pensamentos.

Para se ter a possibilidade de resistir à pressão social e profissional é necessário primeiro se conhecer e se identificar.

Saber quem você é, em que acredita e onde quer chegar dará a você as condições para suportar as pressões do dia-a-dia.

Determine seus valores e princípios e defina seu estilo de vida.

Fale abertamente

Falar representa para a nossa vida uma grande possibilidade de expressar nossos pensamentos e o devemos fazer de forma a não sentirmos medo.

Precisamos aprender a conviver com a necessidade de apresentarmos pontos de vista que sejam condizentes com nossos verdadeiros pensamentos.

Não tenha medo, defenda suas convicções. Somente você saberá a melhor maneira de fazê-lo.

Aceite a controvérsia

Aceitar uma opinião contrária ao nosso pensamento é estar disposto a ouvir e trabalhar o pensamento alheio, de forma a poder-se obter um desenvolvimento pessoal ou profissional. Afinal, não possuímos a totalidade da verdade.

Para ter sucesso nos ambientes profissional e social é necessário ter coragem para lidar com a controvérsia, associada às novas idéias e soluções que desafiem as convenções.

Derrube a barreira que eventualmente existe entre você e o seu próximo.

Tenha responsabilidade

Uma das grandes dificuldades em nosso dia-a-dia é quase sempre não termos a certeza de que aqueles que conosco trabalham estejam realmente absorvendo e se responsabilizando por suas atividades.

Muitas vezes temos problemas em nossa rotina diária simplesmente porque não estamos acostumados a cobrar responsabilidades daqueles que nos cercam, deixando de lado ou para depois as soluções que se fazem necessárias.

Assuma a responsabilidade por suas próprias ações. Da mesma forma se trabalhar com uma equipe e for o seu líder, conheça-a e defenda-a com responsabilidade. A falta de responsabilidade e da obrigação de prestar contas de nossos atos é que nos tem levado a conviver com inúmeras oportunidades de melhoria.

Posicione-se a todo instante

Saiba sempre o que quer e deseja. Dessa forma você pode se desenvolver de maneira extremamente valiosa, pois vai saber encarar os fatos em relação à vida, às oportunidades de melhoria e às pessoas.

Ao invés de se opor, que tal perguntar sempre: Quais soluções você pode oferecer?

Seja persistente

Persistir na busca de nossos objetivos profissionais e humanos representa também defender um ponto de vista que deve ser por nós valorizado. Jamais devemos ceder em algo se ainda tivermos chances de atingir o objetivo.

Busque sempre sua satisfação e a da sua equipe de forma constante e firme. O imediatismo nem sempre representa a melhor resposta.

Milton Augusto Galvão Zen

Arrefecer em relação aos objetivos significa desistir. E desistir representa aceitar a morte de uma posição antes mesmo de lutar por ela. Coragem!

Aceite servir

Servir significa dar a você mesmo a oportunidade de aprender com o próximo. Afinal, estamos sempre predispostos a sermos servidos. Precisamos fazer uma mudança interior onde possamos trabalhar e desenvolver a capacidade de servir.

Servir ao próximo pode significar nos colocarmos em segundo plano. Já imaginou?

Em uma sociedade impulsionada pelo Ego e pelo Sucesso, esse ato exige coragem e determinação.

Servindo, proporcionamos excelentes exemplos que poderão ser seguidos por outros.

Aceite seguir

Existem ocasiões em que devemos ser os liderados, abrindo espaço para que outros ocupem a condição de líderes. Saiba compartilhar seu espaço de forma a crescer como seguidor.

Esteja consciente da verdade de que tudo sempre mudará.

Demonstre respeito

O respeito mútuo deve ser praticado com profundidade. O reconhecimento de suas potencialidades e de suas limitações e o aproveitamento de suas idéias e sugestões são fatores que devem ser considerados cotidianamente.

O respeito é condição básica para o convívio familiar, social e profissional. Pratique-o!

Demonstre vontade

Tenha determinação firme e constante de melhorar, buscando o não-acomodamento de posições. Aplique o princípio do ganha-ganha. Assim os resultados serão mais rapidamente alcançados.

Reconheça o valor do próximo

Este é um item de difícil implementação. Dependendo da empresa, implica mudanças profundas na estrutura salarial e no comportamento dos superiores hierárquicos.

O mérito de um colega de trabalho ou de um colaborador deve sempre ser reconhecido através de atitudes públicas e oportunas, de forma a encorajá-lo a assumir riscos e a conviver com erros.

Aliado ao reconhecimento perante todos, deve existir, além do reconhecimento do mérito, uma política salarial que saiba recompensar aqueles que mais se destacam.

Tenha a visão do cliente

Com relação a este aspecto, deve-se procurar analisar os pontos críticos e desenvolver a percepção das necessidades do cliente.

3. Gerindo Seres Humanos

O texto abaixo será bastante esclarecedor sobre o que é ser cliente e como ele se comporta.

> *"Eu sou uma pessoa que vai a um restaurante, sento-me à mesa e pacientemente espero enquanto o garçom faz de tudo, joga conversa fora, olha para a minha pessoa e nem ao menos faz menção de atender ao meu pedido.*
>
> *Eu sou o comprador que vai a uma loja em um grande shopping e, após vislumbrar o que deseja comprar, entra na loja e espera calmamente o vendedor se aproximar depois de muita conversa particular.*
>
> *Sou aquele que não recebe a devida atenção quando chega a um determinado local e aguarda o atendente enquanto ele lê tranqüilamente o seu jornal.*
>
> *Que pareço estar pedindo e suplicando por um favor, ansioso por um sorriso ou até ser notado, ou que espera pacientemente enquanto os funcionários trocam idéias entre si, ou, simplesmente, abaixam a cabeça e fingem não me ver.*
>
> *Devem estar pensando que sou uma pessoa quieta, paciente, do tipo que nunca cria problemas, não é mesmo? Pois se enganam... Sabem quem eu sou?*
>
> *Sou o cliente que não volta NUNCA MAIS. Que se diverte, um tanto sadicamente, é possível – vendo milhões de reais sendo gastos todos os anos em anúncios, panfletos, livretos de propaganda e outras coisas mais, para levar-me de novo à loja ou a preferir seus produtos ou serviços... Quando fui à sua empresa ou à sua sala pela primeira vez, tudo o que deveriam ter feito era apenas a pequena gentileza, tão fácil e barata, de um pouco de CORTESIA."*

Autor desconhecido

Em função do texto anterior, devemos nos questionar: quem é o cliente?

É a pessoa ou grupo de pessoas mais importantes em qualquer negócio. Que o mesmo não depende de nós, e, sim, nós dependemos dele.

Ele não interrompe nosso trabalho, pois ele é o propósito de nosso trabalho.

O cliente interno ou externo é uma parte essencial do nosso negócio, não é uma parte descartável.

Ele não significa apenas dinheiro em caixa. É um ser humano com sentimentos, que deve ser tratado com todo respeito e consideração.

Merece toda atenção e cortesia possível. É a razão de ser de qualquer negócio. É ele quem nos paga o salário.

"Sem o cliente não se sobrevive.
JAMAIS SE ESQUEÇA DISSO!!!"
(Autor desconhecido)

Como complemento, ainda poderíamos fazer as seguintes perguntas, caso sejamos um prestador de serviço interno.

Quem são meus clientes internos?
Quantos são?
O que querem?
Como querem?
Qual a expectativa deles em relação ao meu trabalho?

Ou, ainda,

Quem são meus fornecedores internos?
O que recebo deles?
É exatamente o que desejo?
Qual a minha expectativa em relação ao trabalho deles?
Forneço feedback para eles?

Sinta amor pelo que faz

Demonstre claramente que sente amor pelo seu trabalho, por seus amigos.

Quando estiver trabalhando, trabalhe com muito amor e ponha toda a sua energia para sua realização.

Quando em uma roda de amigos, demonstre o quanto os ama e que se sente muito feliz por estar com eles.

4. A Mediocridade

4. A Mediocridade

Vamos conversar um pouco sobre o que representa o medíocre no ambiente de trabalho – um ponto que entendo ser de extrema importância.

"O medíocre não se expõe e jamais questiona, não ameaça e convive tranqüilamente com qualquer situação ou jogo de poder."

Realmente, as palavras acima são muito bem colocadas. São poucas as pessoas que fazem uma análise de sua estrutura pessoal e chegam à conclusão de que jogam no time dos medíocres.

É importante notar que a palavra medíocre não deve ser considerada no sentido pejorativo, mas pelo que ela significa. Medíocre é aquele que ocupa o meio e que nele se instala, não apresentando novidades e não se expondo.

Medíocre existe em todo lugar. E a sociedade que deseja procurar a vanguarda precisa dos inovadores. O mesmo vale para as empresas. A inovação faz parte da evolução. Inovar não significa criar algo que seja de outro mundo, mas realizar o mais simples ou mesmo de maneira diferente, desde que com objetivos de crescimento e melhoria contínua.

Nossas empresas ainda passam por um processo de necessidade de evolução urgente, pois temos um mercado cada vez mais competitivo, onde nossos concorrentes buscam espaço ao sol. Assim, nossas chances de atingir adequadamente o cliente são cada vez menores. É preciso ter-se uma consciência profunda de nossos erros e procurar corrigi-los com a maior brevidade possível.

A administração participativa é um passo bastante grande, mas no momento ainda insuficiente. Mover o "dinossauro" que muitas vezes são nossas empresas não é nada fácil, mas tem que ser feito de forma conjunta.

Milton Augusto Galvão Zen

Tal como as técnicas da administração participativa, muitas outras são hoje utilizadas e devem, com o tempo, ser implementadas na maioria de nossas empresas. Para que isso aconteça, devemos perseverar.

A união de todos nesse processo é urgente. Que me desculpem os medíocres. Devemos nos lembrar que tiramos nosso sustento da empresa. Quanto mais bem ela estiver posicionada no mercado melhor será para todo o seu corpo de colaboradores.

5. O Livre Arbítrio

Algumas considerações devem ser feitas com o intuito de colaborar para o desenvolvimento dos aspectos pertinentes ao ambiente da manutenção.

Um processo de mudança está baseado em alguns princípios que podemos assim classificar:

Princípio da atitude

Representa a incorporação do pensar em manutenção, ou seja, nossa mente assimila definitivamente o ideal de manutenção, e o raciocínio sempre se baseia na garantia da vida e dos equipamentos.

Com a finalidade de ampliar e aceitar essa incorporação do pensar em manutenção, devemos desenvolver trabalhos em parceria com vários profissionais da área que, através de ações vivenciais, procuram transmitir esta atitude.

Este princípio corresponde ao *"Pensar Manutenção"*.

Princípio comportamental

O comportamento é a resposta exteriorizada do princípio da atitude, ou seja, representa a ação do homem pautado pela manutenção.

Exemplo simples pode ser dado através da realização dos exames médicos de prevenção pela garantia da saúde.

Muitos não o fazem porque não acreditam que possam trazer resultados e dizem que quem procura acha. Outros o fazem porque acreditam que irão falecer nos próximos dias. E muitos o fazem porque querem ter sobrevida e pensam também nos seus familiares e em suas responsabilidades para com eles.

Isto representa a ação comportamental. Muitos fazem, mas efetivamente não acreditam. Isso significa que só fazem porque estão sujeitos a sofrer uma pena: a morte.

O trabalho do profissional de manutenção deve se basear fortemente nesse princípio. Os resultados podem ser altamente satisfatórios, visto que muitas empresas têm primado pela utilização das ferramentas hoje disponíveis, tais como *Kaizen*, 5S, TPM, RCM, *Kanban, Just in Time, Lean Management* etc.

Este princípio corresponde ao *"Fazer Manutenção"*.

Princípio tecnológico

É aqui que devemos procurar dar forma através da ampliação do conhecimento técnico sobre o que significa fazer, e orientar nosso pensamento e nossas ações em manutenção.

Este princípio é desenvolvido através da aprendizagem e do conhecimento de valores e normas de manutenção, sejam elas oriundas de regulamentos ou não.

Nesse momento, devemos colocar tal conhecimento à disposição das diversas empresas que conosco têm desenvolvido ou partilhado suas experiências.

Este princípio corresponde ao *"Conhecer Manutenção"*.

Princípio integrativo

Aqui deve ser desenvolvido o sistema que une os princípios já descritos, posto que de nada adianta ter apenas aquele que se baseia no cumprimento de uma norma.

Devemos ampliar os conhecimentos no sentido de integrar os aspectos de "Pensar Manutenção", "Fazer Manutenção" e "Conhecer Manutenção".

É interessante comentar que devemos sempre utilizar o princípio do Livre Arbítrio, determinante da base principal de toda e qualquer mudança.

Ele representa o direito mais básico do homem, que é o da Livre Escolha.

Em função do Livre Arbítrio, temos o direito de escolher e tomar decisões de acordo com nossos princípios.

Nem sempre, entretanto, as decisões são tomadas levando-se em consideração todos esses aspectos e, por vezes, escolhemos aquilo que é mais fácil.

Precisamos estar preparados para as conseqüências de nossas ações. A escolha do mais fácil pode não significar que se escolheu o mais adequado, ou o mais seguro para a sobrevivência de nossas empresas.

Há conseqüências mais ou menos graves. Como resultado da aplicação inadequada daqueles princípios podemos nos tornar "cegos". Podemos ter uma conseqüência grave, que será o encerramento e a falência de nossas empresas.

Todo processo de mudança deve começar por nós mesmos, e não pelo próximo. Acreditando que podemos realizar algo novo, demonstrando bons resultados, outros também darão início ao processo de mudança.

Excelentes resultados já foram alcançados através de programas de qualidade, tais como ISO 9000, 5S (Housekeeping),

TPM (Manutenção da Produtividade Total), Manutenção Centrada em Confiabilidade, e o mesmo acontecendo com o Programa de Meio Ambiente (ISO 14000).

Determinação e persistência são fundamentais no ser humano, que busca participar de um processo de mudança. Obviamente alguns poderão cair ao longo da implantação do processo, mas a semente estará plantada. Outros que em nós acreditaram darão continuidade ao trabalho, que será implantado e salvará nossas empresas e nossos empregos.

Somos nós que devemos incorporar, conhecer e fazer manutenção, não devendo comodamente delegá-la a outrem.

Existe uma passagem na Bíblia (Mateus, capítulo 13, versículo 4), intitulada "O Semeador", que diz:

> "Um semeador saiu a semear. E, semeando, parte da semente caiu ao longo do caminho; os pássaros vieram e a comeram. Outra parte caiu em solo pedregoso, onde não havia muita terra, e nasceu logo, porque a terra era pouco profunda. Logo, porém, que o sol nasceu, queimou-se por falta de raízes. Outras sementes caíram entre os espinhos: os espinhos cresceram e as sufocaram. Outras, enfim, caíram em terra boa: deram frutos, cem por um, setenta por um, trinta por um. Aquele que tem ouvidos, ouça."

Nesse processo, até o momento não temos todos os colaboradores de nossas empresas comprometidos com a função "Manutenção", visto que não é essa a área de atuação de todos eles. No entanto, deixo aqui minha sugestão de que devemos nos orientar por esse caminho, já que todos os funcionários devem lutar pela preservação e manutenção de seus empregos.

Assim nossos objetivos, como profissionais de manutenção, passam também pela manutenção e sobrevida de nossas empresas, colaborando para que as mesmas sejam perenes e competitivas.

Milton Augusto Galvão Zen

Foi em função desse ponto de vista que este capítulo foi estruturado.

Assim, cabe a pergunta. Estamos realmente multiplicando e aplicando adequadamente toda a informação já recebida ao longo de nossa carreira profissional?

Quanto mais devemos investir sem gerar efetivamente multiplicadores do "Pensar Manutenção" nas diversas áreas de nossas empresas?

Integrar Manutenção significa um trabalho de parceria, sendo que os aspectos de excelência de um possam ser aproveitados pelo outro, e vice-versa. As diversas áreas de uma empresa devem trabalhar de forma conjunta, como uma verdadeira equipe. Operação, Recursos Humanos, Financeira, Planejamento, dentre outras, devem primar pelo trabalho ético e perene. Críticas que não sejam construtivas e que não sejam colocadas abertamente por todos servem apenas para desagregar o grupo, e nada somam ao processo.

Precisamos nos comprometer e nos envolver com o processo de mudança.

Acreditar que podemos realizar algo significa também aceitar que podemos correr riscos.

Vejam a estória da libélula: nasce no fundo do lago e, quando é chegada a hora, arrisca-se a subir à tona, transformando-se, deixando seu antigo corpo, e assumindo um novo.

Na transformação podemos observar que a libélula passa pelas seguintes situações:

a) *Mudança da forma:* deixa um corpo fisicamente constituído, assumindo outro.

b) *Condição de vida:* ao invés de rastejar, passa a voar.

c) *Interesses:* deixa de gostar do que há no fundo do lago, e passa a gostar da liberdade do ar.

d) *Ambiente:* deixa a água, e passa para o ar.

Integrar Manutenção significa também passar por estas fases:

a) *Mudança da forma:* não acreditar em manutenção, para o Pensar Manutenção;

b) *Condição do equipamento:* não salvaguardar adequadamente o equipamento, para o Fazer Manutenção;

c) *Interesses:* ignorar aspectos tecnológicos e atuais, para o Conhecer Manutenção;

d) *Ambiente:* deixar de ver aspectos isolados, para vê-los Integrar Manutenção.

Repito sempre:

"A pessoa que não corre risco nada faz, nada tem e nada é. Ela até pode evitar sofrimentos e desilusões, mas nada consegue, nada sente, nada muda, não cresce, não ama e não vive. Acorrentada por suas atitudes, vira escrava, priva-se de sua liberdade. Somente a pessoa que corre riscos é Livre".

O nosso direito de Livre Arbítrio pode ser exercido a qualquer tempo.

6. O Perfil Profissional Básico

Alguns perfis profissionais podem ser desenvolvidos num período de médio prazo.

Liderando equipes de manutenção, de segurança do trabalho e de tecnologia de produção, percebi que a área de manutenção industrial é ainda carente de profissionais atualizados com a chamada Nova Empresa. As principais funções de uma área de manutenção podem ser assim discriminadas:

Supervisor de Manutenção

Este colaborador deve ter larga experiência industrial, grande experiência administrativa e acentuada abrangência empresarial.

O grau de escolaridade deve ser universitário em Engenharia e, de preferência, ser pós-graduado em Administração de Empresas.

Além dos conhecimentos inerentes à escolaridade e prática das matérias ligadas à atividade funcional, deve ter amplos conhecimentos e capacidade de aplicação de organização e administração do trabalho e de pessoal, planejamento e controle financeiro, gerenciamento de projetos, bons conhecimentos de planejamento estratégico, boa visão empresarial, grande espírito de colaboração, integração, iniciativa e criatividade, excelente relacionamento com subordinados e demais colaboradores, autocrítica e ser motivado.

Não podemos esquecer da habilidade em microinformática, fator hoje que pesa bastante na agilização dos trabalhos de qualquer área de manutenção, visto ser responsabilidade do engenheiro de manutenção a elaboração de relatórios gerenciais para tomadas de decisão.

Deve ainda estar consciente de suas responsabilidades para com o meio ambiente e a segurança do trabalho.

Formação necessária para a sua carreira na empresa:

Formação profissional
- Engenheiro Eletricista/Eletrônico/Mecânico/Mecatrônico.
- Administração de Empresas ou Administração da Produção.
- Especialização em gerenciamento de manutenção.

Gerais
- Congressos de manutenção e feiras.
- Criatividade e dinâmica da comunicação.
- Organização racional do trabalho.
- PERT CPM.
- Análise sistemática de falhas.
- Análise de valor.
- Manutenção da Produtividade Total (MPT).
- Metodologia Kaizen.
- Metodologia da Manutenção Centrada em Confiabilidade.

Informática

- Correio eletrônico.
- Editor de textos – Word.
- Sistema Operacional – Windows.
- Planilha Eletrônica – Excel.
- Apresentação – Power Point.

Gerenciais

- Preparação para funções de supervisão.
- Administração participativa e de conflitos.
- Especialização em administração.
- Excelência da qualidade técnica e humana.
- Técnicas de negociação e condução de reuniões.
- Legislação do trabalho.
- Administração de contratos.
- Terceirização – Parceria.
- Elementos multiplicadores.

Engenheiro de Manutenção

Este colaborador deve ter escolaridade ao nível de Engenharia, possuir profundos conhecimentos de programação e controle de manutenção preventiva e corretiva, bons conhecimentos de sistemas informatizados para a correta elaboração de relatórios gerenciais para tomada de decisões, além de estar apto para processos administrativos e financeiros.

Deve possuir habilidades, como criatividade, autocrítica, iniciativa, bom relacionamento, além de ser motivado.

Formação necessária para a sua carreira na empresa:

Formação profissional

- Engenheiro Eletricista/Eletrônico/Mecânico/Mecatrônico.

Gerais

- Tudo o que já foi relacionado para o cargo de supervisor.

Gerenciais

- Técnicas de negociação e condução de reuniões.
- Administração de contratos e legislação do trabalho.
- Elementos multiplicadores.

Principais atribuições do Engenheiro de Manutenção:

- Desenvolver estudos e pesquisas, objetivando a otimização das atividades de manutenção e adequação de mão-de-obra e materiais para possibilitar a racionalização dos trabalhos.
- Auxiliar na elaboração e no controle do plano de investimentos e despesas.
- Elaborar anexos e justificativas e desenvolver estudos de viabilidade econômica para compras em geral.

- Analisar e interpretar as despesas de manutenção, identificando causas e efeitos.

- Solicitar a compra de peças de reposição, inclusões em almoxarifados e colaborar junto à Coordenação de Engenharia de Manutenção para a adequação de estoques e racionalização de itens.

- Aplicar conceitos práticos e técnicos para orientação e direção dos estudos sobre análise de falhas.

- Providenciar, quando necessário, a chamada de assistência técnica, especificando os problemas existentes nos equipamentos, assim como realizar o apontamento das horas efetivamente gastas para a realização dos serviços.

- Elaborar/acompanhar cadernos de encargos para concorrências de serviços de manutenção.

- Colaborar para o desenvolvimento de novos fornecedores, enfocando principalmente os produtos importados.

- Acompanhar os serviços de terceiros, providenciando a respectiva aprovação de pagamentos.

- Elaborar planos de manutenção preventiva/preditiva.

- Efetuar, em conjunto com os mestres de manutenção, a análise de planos de melhoria das atividades de manutenção.

- Elaborar gráficos de disponibilidade para detecção de falhas e propor freqüências de manutenção.

- Visitar empresas para troca de informações técnicas, programas e métodos de manutenção.

- Planejar, em conjunto com as mestrias e a área de treinamento, os diversos cursos internos e externos para os colaboradores das equipes de manutenção.

- Elaborar programas de limpeza e conservação das instalações, máquinas e equipamento em geral.

- Estudar e viabilizar as necessidades de serviços de apoio às áreas de produção, planejamento e processo.

- Elaborar, em conjunto com as mestrias, *check-list* para instalações, máquinas e equipamentos em geral.

- Acompanhar o desenvolvimento dos sistemas de controle de manutenção por computador e sua administração.

- Acompanhar os trabalhos de escritório e sistemas informatizados e projetos de manutenção e modificações.

- Assistir tecnicamente os técnicos Eletromecânicos/Eletroeletrônicos da equipe de manutenção.

- Participar de reuniões de planejamento e produção.

Mestre de Manutenção

A estruturação da empresa hoje está voltada para uma administração participativa, gerando maior responsabilidade para todos. É importante destacar que este elemento torna mais objetiva a união do chão-de-fábrica com as novas metodologias operacionais ligadas à maior produtividade.

É necessário ter escolaridade ao nível de 2º grau técnico ou superior de tecnologia. Bons conhecimentos teóricos/práticos de organização racional do trabalho, administração de recursos, planejamento e controle de atividades, segurança do trabalho, tomadas de decisão, operação com sistemas computadorizados, circuitos hidráulicos/pneumáticos/elétricos/eletrônicos, conhecimentos de sistemas de distribuição de energia, conceitos aprofundados de proteção ao meio ambiente e responsabilidades da manutenção neste nível farão parte de suas necessidades profissionais.

Deve também possuir qualidades como fácil relacionamento com os demais colegas e colaboradores, bom equilíbrio emocional em face das grandes mudanças, alto grau de responsabilidade, além de grande iniciativa e criatividade.

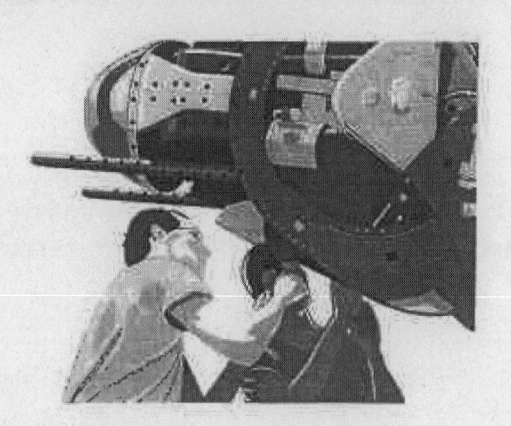

Formação necessária para a sua carreira na empresa:

Formação profissional

- Tecnólogo de Técnicas Digitais, Técnico Mecânico/Eletricista/Eletrônico/Mecatrônico.

Gerais

- Tudo o que já foi descrito para o cargo de Engenheiro de Manutenção, aliado à especialização em técnicas de termografia e análise de vibração.

Gerenciais

- Preparação para exercer funções de mestre.
- Administração participativa.
- Técnicas de negociação e condução de reuniões.
- Administração de contratos e legislação do trabalho.
- Elementos multiplicadores.

Informática

- Mesma formação necessária ao Engenheiro de Manutenção.

Técnico de Manutenção Mecatrônico

Espera-se deste profissional uma colaboração direta junto às mestrias da manutenção. Por isso, deverá estar apto a executar quase que totalmente as funções pertinentes ao cargo de mestria.

Além do conhecimento específico de sua área de atuação, deverá ter aqueles ligados à área administrativa, ou seja, aspectos gerais de finanças e administração.

Deverá ter também habilidades como relacionamento fácil, muita iniciativa e criatividade, responsabilidade, equilíbrio emocional e alto espírito cooperativo.

Formação necessária para a sua carreira na empresa:

Formação profissional

- Técnico Mecânico/Eletricista/Eletrônico/Mecatrônico.

Gerais

- Tudo o que já foi descrito para o cargo de mestre de manutenção.

Gerenciais

- Preparação para funções de chefia.
- Elementos multiplicadores.

Informática

- Mesma formação necessária ao Mestre de Manutenção.

Mecatrônico (eletricista/eletrônico/mecânico)

O conhecimento técnico deve englobar todas as funções e operações básicas de máquinas, equipamentos e instalações. Grande conhecimento de circuitos elétricos/eletrônicos, CLP's, programação e operação, simulação de defeitos, detecção e análise de falhas, acionamento de motores, eletrônica industrial e de potência, além de automação.

Deve possuir qualidades como fácil relacionamento, espírito cooperativo, iniciativa, criatividade e alto grau de responsabilidade.

Formação necessária para a sua carreira na empresa:

Formação profissional

- Segundo grau completo e profissionalizante.

Profissionalizantes

- Matemática básica e avançada.
- Comandos elétricos.
- Leitura e interpretação de desenhos elétricos e mecânicos.

- Básico C.C. e C.A.
- Eletrônica industrial básica.
- Elementos analógicos.
- Digital I e II.
- Microprocessadores 8 e 16 bits.
- Básico e avançado para CLP's.
- Básico e avançado para robôs.
- Acionamentos.
- Motorização C.C. e C.A.
- Tecnologia mecânica – Materiais.
- Tecnologia mecânica – Montagem.
- Solda oxiacetileno, Mig-Mag, Tig, eletrodo revestido, resistência pneumática.
- Análise de vibração e termografia.
- Hidráulica.
- Lubrificação industrial.
- Leitura e interpretação de medidas.
- Palestras técnicas diversas.

Milton Augusto Galvão Zen

Lubrificador de Máquinas/Equipamentos

O conhecimento técnico deve englobar todas as funções e operações básicas de máquinas, equipamentos e instalações. Grande conhecimento do significado de viscosidade, acidez, consistência, ponto de fulgor, pH, concentração, mecânica de corte de materiais, ferramentas de corte, centrais de filtragem, elementos e mantas filtrantes, além do conhecimento de contaminação e suas causas.

Deverá também possuir as seguintes qualidades: fácil relacionamento, espírito cooperativo, iniciativa, criatividade e alto grau de responsabilidade.

Formação necessária para a sua carreira na empresa:

Formação profissional

- Segundo grau completo e certificação.

Profissionalizantes

- Matemática básica e avançada.
- Leitura e interpretação de desenhos mecânicos.
- Tecnologia mecânica – Materiais.
- Tecnologia mecânica – Montagem.
- Pneumática.
- Análise de vibração e ferrografia.
- Hidráulica.
- Lubrificação industrial – Normas diversas.
- Leitura e interpretação de medidas.
- Palestras técnicas diversas.

7. Conheça a Ti Mesmo

O ser humano tem várias oportunidades de melhoria que às vezes deixam de ser aproveitadas justamente porque ele pouco se conhece.

Conhecer nosso eu interior exige coragem, pois devemos buscar informações sobre nós em uma área que está bem escondida, além de realizarmos questionamentos junto àqueles com quem trabalhamos e convivemos.

Existem muitas metodologias no mercado que visam facilitar esse conhecimento. Cada um de nós possui preferências pessoais de como agir e reagir diante de situações de nosso cotidiano.

O desenvolvimento interior recebe influências do meio familiar e social em que vivemos, que, aliado ao desenvolvimento de nossa personalidade, nos torna seres únicos.

Devemos cotidianamente buscar identificar nossos pontos fortes e qualidades, de maneira que possamos utilizar essas informações para obter um melhor conhecimento de nós mesmos, de nossas motivações, além de nos permitir trabalhar com as oportunidades de crescimento pessoal.

Conhecer melhor a nós mesmos facilitará também o conhecimento do outro, que, por sua vez, facilitará um relacionamento mais adequado e amigável com o próximo.

Uma das bases para a realização de mudanças está justamente no quanto nos conhecemos. Devemos lembrar que, quando mudamos para melhor, o meio em que vivemos estará percebendo essa mudança e também iniciará o processo de mudança.

Auto-avaliação©

A seqüência de perguntas utilizando observações e informações do cotidiano é parte da minha experiência na condução das oportunidades de desenvolvimento humano.

Milton Augusto Galvão Zen

Mas gostaria de mencionar algumas técnicas com as quais tenho convivido: MBTI – *Myers-Briggs Type Indicator*, material desenvolvido para facilitar o conhecimento do tipo psicológico; FIRO-B – *Fundamental Interpersonal Relations Orientation-Behavior*, desenvolvido para melhorar o relacionamento interpessoal, e, por último, o PPAS – *Personal Profile Analysis Sistem*, desenvolvido no sentido de melhorar e facilitar os processos de seleção de pessoal mais adequado à função e à cultura da organização.

As perguntas devem ser respondidas por você, atribuindo notas de 1 a 5.

☐ Você dá atenção às opiniões e idéias de seus colaboradores?

☐ Você dá a liberdade necessária para que seus colaboradores façam bem o trabalho?

☐ Você os encoraja a assumir responsabilidades demonstrando confiança em seu trabalho?

☐ Você trata as pessoas na empresa como colegas, não como competidores?

☐ Você inclui outras pessoas em decisões que possam afetá-las?

☐ Você encoraja e aceita crítica?

☐ Você encoraja a discussão de temas polêmicos?

☐ Você evita falar mal dos outros?

☐ Você remove barreiras para aperfeiçoar o trabalho em equipe?

☐ Você discute posições franca e honestamente?

7. Conheça a Ti Mesmo

- [ ] Você agradece o apoio e as contribuições de seus colaboradores?
- [ ] Você pergunta o que eles precisam para realizar melhor o trabalho?
- [ ] Você dá o devido crédito às realizações de seus colaboradores?
- [ ] Você fornece orientação efetiva quando ocorrem mudanças?
- [ ] Você dá margem a que seus colaboradores cometam erros? Aceita-os?
- [ ] Você ajuda seus colaboradores a atingirem seus objetivos de carreira?
- [ ] Você faz aquilo que prega, ou seja, é exemplo do que fala?
- [ ] Você admite seu próprio erro prontamente, pedindo desculpas, se necessário?
- [ ] Você reconhece e recompensa a criatividade e a inovação de seus colaboradores?
- [ ] Você demonstra comportamento ético e honesto?
- [ ] Você encoraja o autodesenvolvimento e o treinamento interno?
- [ ] Você dá informações suficientes sobre as decisões da empresa?
- [ ] Você está familiarizado com a situação de trabalho de seus colaboradores?
- [ ] Você aceita avaliações, não assumindo postura defensiva?
- [ ] Você estabelece relacionamento de longo prazo com os clientes?

☐ Você desenvolve relacionamentos com a comunidade, participando de associações, realizando palestras e publicando artigos?

☐ Você estimula seus pares e colaboradores na busca de oportunidades futuras, transcendendo os objetivos atuais da empresa?

☐ Você desenvolve relacionamentos e parcerias com outras áreas da empresa?

☐ Você participa como instrutor nos treinamentos de seus colaboradores?

☐ Você trata as pessoas com respeito e dignidade?

Outros Comentários
(escreva neste espaço o que achar interessante para melhor conhecê-lo):

_____
_____
_____
_____

Resultado:

O número máximo possível é de 150 pontos.

Se o total de pontos está acima de 120

Você demonstra ser um profissional com perfil de liderança, com características como bom relacionamento interpessoal, respeito, dignidade, boa gestão de equipes, desenvolvimento de pessoas e criação de uma direção para a empresa.

Se o total de pontos está entre 90 e 120

Será interessante que você aproveite a oportunidade para o autodesenvolvimento ou mesmo que busque apoio na empresa, ou ainda que realize um *job rotation* para buscar novos desafios.

Se o total de pontos está abaixo de 90

Será interessante que reavalie sua postura na condução de suas ações diante dos fatos e ocorrências da rotina de trabalho, bem como no relacionamento pessoal.

Levantamento de sua imagem junto aos seus colaboradores©

As perguntas a seguir devem ser respondidas pelos subordinados diretos, para avaliação do superior, dando notas de 1 a 5.

☐ Seu superior dá atenção às suas opiniões e idéias?

☐ Seu superior dá a liberdade necessária para que você faça bem o seu trabalho?

☐ Seu superior encoraja-o a assumir responsabilidades, demonstrando confiança em seu trabalho?

☐ Seu superior trata as pessoas na empresa como colegas, não como competidores?

☐ Seu superior inclui você ou outras pessoas em decisões que possam afetá-los?

☐ Seu superior encoraja e aceita crítica?

☐ Seu superior encoraja a discussão de temas polêmicos?

☐ Seu superior evita falar mal dos outros?

☐ Seu superior remove barreiras para aperfeiçoar o seu trabalho em equipe?

☐ Seu superior discute posições franca e honestamente?

☐ Seu superior agradece o seu apoio e contribuições de seus colegas?

☐ Seu superior pergunta o que você precisa para realizar melhor o seu trabalho?

Milton Augusto Galvão Zen

- [ ] Seu superior dá o devido crédito às suas realizações?

- [ ] Seu superior fornece orientação efetiva quando ocorrem mudanças?

- [ ] Seu superior dá margem a que você cometa erros?

- [ ] Seu superior ajuda você a atingir seus objetivos de carreira?

- [ ] Seu superior faz aquilo que prega, ou seja, é exemplo do que fala?

- [ ] Seu superior admite seus próprios erros prontamente, pedindo desculpas, se necessário?

- [ ] Seu superior reconhece e recompensa a sua criatividade e a inovação?

- [ ] Seu superior demonstra comportamento ético e honesto?

- [ ] Seu superior encoraja o autodesenvolvimento e o treinamento interno?

- [ ] Seu superior dá informações suficientes sobre as decisões da empresa?

- [ ] Seu superior está familiarizado com a rotina do seu trabalho?

- [ ] Seu superior aceita avaliações, não assumindo postura defensiva?

- [ ] Seu superior estabelece relacionamento de longo prazo com os clientes?

- [ ] Seu superior desenvolve relacionamentos com a comunidade, participando de associações, realizando palestras e publicando artigos?

☐ Seu superior estimula seus pares e colaboradores na busca de oportunidades futuras, transcendendo os objetivos atuais da empresa?

☐ Seu superior desenvolve relacionamentos e parcerias com outras áreas da empresa?

☐ Seu superior participa como instrutor nos treinamentos de seus colaboradores?

☐ Seu superior trata as pessoas com respeito e dignidade?

Outros comentários (escreva neste espaço o que achar interessante para sugerir como ponto de melhoria ao seu superior hierárquico):

_____
_____
_____
_____
_____

Nome (opcional):

_____

Resultados:

Sugiro que, ao receber as respostas, você procure classificá-las de tal forma que possa obter realmente resultados profícuos. Busque o otimismo e identifique as oportunidades de melhoria com vistas a rapidamente atingi-las.

Estar disposto a realizar mudanças é a chave do aumento da competitividade.

Milton Augusto Galvão Zen

Depois de tabular as respostas deste questionário, faça uma comparação entre sua auto-avaliação e a de seus subordinados. Procure conhecer-se um pouco mais. Com certeza encontrará sempre algo que possa ser melhorado.

Depende unicamente de nós um maior aprofundamento da nossa imagem diante de nossos colaboradores.

A nossa empregabilidade e a de nossos colaboradores estão em jogo e é também responsabilidade dos níveis hierárquicos superiores garantir adequadamente o seu próprio desenvolvimento e o do colaborador. O homem preparado e competitivo tende a render mais satisfatoriamente, pois está sendo respeitado em seus anseios e suas necessidades.

A seus colaboradores

Uma das grandes responsabilidades do gestor atual está ligada ao correto e adequado gerenciamento de sua equipe.

O objetivo deste questionário é realizar um levantamento mínimo de dados dos colaboradores que atuam na área de Manutenção.

Ocupação Principal

( ) Mecânico.

( ) Eletricista.

( ) Eletrônico.

( ) Técnico Mecânico.

( ) Técnico Eletrônico.

( ) Mecatrônico.

( ) Lubrificador.

( ) Ferramenteiro.

( ) Refratarista.

( ) Outra (descrever) _____

Grau de Escolaridade

( ) 1º Grau (Primário Incompleto).

( ) 1º Grau (Primário Completo).

( ) 1º Grau (Ginásio Incompleto).

( ) 1º Grau (Ginásio Completo).

( ) 2º Grau Incompleto.

( ) 2º Grau Completo.

( ) 2º Grau Profissionalizante Incompleto.
( ) 2º Grau Profissionalizante Completo.
( ) Superior Incompleto.
( ) Superior Completo.
( ) Pós-Graduação.

Idade

( ) Abaixo de 20 anos.
( ) de 20 a 25 anos.
( ) de 26 a 30 anos.
( ) de 31 a 35 anos.
( ) de 36 a 40 anos.
( ) de 41 a 45 anos.
( ) de 46 a 50 anos.
( ) de 51 a 55 anos.
( ) acima de 55 anos.

Experiência na Manutenção

( ) de 01 a 03 anos.
( ) de 03 a 06 anos.
( ) de 06 a 09 anos.
( ) de 09 a 12 anos.
( ) de 12 a 15 anos.
( ) de 15 a 18 anos.
( ) de 18 a 21 anos.
( ) de 21 a 24 anos.

( ) de 24 a 27 anos.
( ) de 27 a 30 anos.
( ) de 30 a 33 anos.
( ) acima de 33 anos.

Experiência de trabalho

( ) Alimentos.
( ) Eletricidade.
( ) Eletroeletrônica.
( ) Hospitalar.
( ) Máquinas e Equipamentos.
( ) Metalúrgica.
( ) Petróleo.
( ) Mineração.
( ) Siderúrgica.
( ) Transporte.
( ) Outras (descrever) _____

Treinamento (quantidade de cursos nos últimos 2 anos)

( ) até 2.
( ) de 2 a 4.
( ) de 4 a 6.
( ) de 6 a 8.
( ) acima de 8.

Participou de que tipo de curso?

( ) Congresso/Seminário.

( ) Atualização.

( ) Especialização.

Quais são as maiores dificuldades no serviço?

( ) Teóricas.

( ) Práticas.

( ) Nenhuma.

Necessidade de Treinamento

( ) Não.

( ) Sim.

( ) Quais? _____

Com esse levantamento realizado, procure estabelecer correlação entre todas as informações de maneira que tenha condições de determinar um plano de ação que vise ampliar o nível de conhecimento técnico e humano dos seus colaboradores.

Opinião de seus clientes

Já buscamos informação quanto a uma auto-avaliação, quanto à imagem do superior hierárquico na área e quanto à formação básica dos colaboradores. Resta, agora, obter informações quanto ao que pensam os clientes.

A proposta aqui apresentada visa identificar basicamente as opiniões e sugestões que normalmente os clientes deixam de registrar ou informar.

Todos têm dificuldade de dar *feedback* e tal fato pode ser tanto um retorno positivo quanto uma oportunidade de melhoria. Assim, através do questionário básico a seguir, poderemos obter dados extremamente importantes para uma tomada de decisão.

É preciso informar ao cliente a importância de sua colaboração no preenchimento deste questionário, que tem como objetivo aumentar a *performance* da manutenção a partir de sugestões e críticas relativas à "Prestação de Serviço". Espera-se, assim, garantir a continuidade do processo produtivo, possibilitar a manutenção dos atuais níveis de produção e preparar para uma elevação dos níveis produtivos.

Nome (opcional):

Após o preenchimento, pede-se a gentileza de devolver para a área de Manutenção.

Quanto às Chefias de Manutenção da Área (nomes)

O tratamento das mesmas para com você é:

( ) Muito bom.

( ) Bom.

( ) Regular.

( ) Insatisfatório.

O conhecimento da área demonstrado pela Chefia é:

( ) Muito bom.

( ) Bom, satisfazendo as necessidades.

( ) Regular, podendo melhorar.

( ) Ruim, deixando a desejar.

Quando há necessidade de esclarecimento junto a você, a Chefia:

( ) Atende todas as dúvidas.

( ) Atende a maioria dos questionamentos.

( ) É regular.

( ) Deixa a desejar.

As explicações, quando necessárias, são:

( ) Claras e objetivas.

( ) Carecem de maior clareza.

( ) São confusas.

Quando solicitada diretamente, a Chefia:

( ) Atende perfeitamente.

( ) Deixa a desejar.

Quanto ao Grupo de Manutenção

O relacionamento de seu pessoal com a manutenção é:

( ) Muito bom.

( ) Bom.

( ) Regular.

O homem de manutenção no ato do atendimento é:

( ) Experiente e educado.

( ) Experiente e indiferente.

( ) Experiente e ríspido.

( ) Inexperiente e educado.

( ) Inexperiente e ríspido.

( ) Outros: _____

**Atribua notas, de 0 a 5, ao grupo de
manutenção que presta serviço em sua área:**

( ) Relacionamento pessoal com a produção.

( ) Espírito cooperativo.

( ) Rapidez no atendimento.

Comentário: _____
_____
_____

Na sua opinião, a manutenção em relação à produção em sua área é:

( ) Integrada.

( ) Poderia integrar-se mais, aumentando a cooperação.

( ) Não integrada.

( ) Outros.

Comentário: _____
_____
_____

Quando a máquina/equipamento quebra, o manutentor atende e ainda:

( ) Participa à mestria o atendimento, respondendo suas questões.

( ) Age com indiferença, criando uma barreira.

( ) Outros.

Comentário: _____

_____

_____

Na sua opinião, o que pode ser atacado para melhorar o atendimento? (Pode assinalar mais de um item).

( ) Orientar o manutentor a ser mais cordial.

( ) Melhorar tecnicamente o pessoal de manutenção.

( ) Eventualmente substituir algum manutentor.

( ) Ter o grupo de manutenção mais próximo de você.

Comentário: _____

_____

_____

O tempo de reparo gasto pelo homem de manutenção é:

( ) Muito bom.

( ) Bom.

( ) Regular, poderia ser melhor.

( ) Ruim.

A qualidade do trabalho do homem de manutenção é:

( ) Muito boa.

( ) Boa.

( ) Regular, poderia ser melhor.

( ) Ruim.

O que você gostaria que seu prestador de serviço fizesse a mais?
_____
_____

Quanto às atividades executadas

Os serviços hoje prestados são suficientes para atender às suas necessidades:

( ) Sim.

( ) Não.

Se não, por quê? _____
_____

Comentário: _____
_____

As atividades diárias de manutenção preventiva têm atendido às suas expectativas:

( ) Sim.

( ) Não.

Se não, por quê? _____

Comentário: _____
_____

As atividades de manutenção corretiva têm atendido às suas expectativas:

( ) Sim.

( ) Não.

Se não, por quê? _____
_____

Comentário: _____
_____

Nossas instalações, na sua opinião, são suficientes para bem atendê-lo?

( ) Sim.

( ) Não.

Se não, por quê? _____
_____

Comentário: _____
_____

Nossos equipamentos são, na sua opinião, adequados para o atendimento?

( ) Sim.

( ) Não.

Se não, por quê? _____
_____

Comentário: _____
_____

Dentre as nossas atividades existe alguma que seja, na sua opinião, bem executada? Qual?
_____

Comentário: _____
_____

Os índices de performance utilizados pela equipe de manutenção são suficientes para bem atendê-lo?

( ) Sim.

( ) Não.

Se não, por quê? _____
_____

Comentário: _____
_____

Você cliente tem dúvidas quanto ao que representam esses índices de performance?

( ) Sim.

( ) Não.

Se sim, por quê? _____
_____

Comentário: _____
_____

Para o próximo ano

Na sua opinião, qual o item mais crítico, em sua área ou empresa, que deveria receber um tratamento especial por parte da equipe de manutenção?

_____
_____
_____
_____
_____

Com nossos agradecimentos,

Equipe de Manutenção

> *"Líderes lutam constantemente*
> *para alcançar bons resultados*
> *e obter o melhor de si e do grupo."*

Milton Augusto Galvão Zen

8. A Espiritualidade Corporativa

8. A Espiritualidade Corporativa

Tudo o que comentamos até o momento serve de apoio para o desenvolvimento de um tema que aos poucos está tomando corpo nas empresas, que é a discussão da espiritualidade corporativa.

Esse assunto, nos últimos anos, tem sido bastante discutido no meio das empresas que perceberam que não apenas o aspecto técnico, mas também o espiritual, é importante para o ser humano.

Eu diria que o ser humano está alcançando um novo estágio evolutivo, onde os desafios materiais passaram a representar apenas uma das etapas que nos interessam. A outra, representa o que deixaremos para os nossos descendentes e a mais importante é a que nos levará a um outro lugar, que, dependendo da crença de cada um de nós, será o paraíso ou o inferno.

Minha crença está em Jesus Cristo, e através Dele sei que posso chegar a Deus. Para Ele, não basta que realizemos boas ações, mas sim que sejamos bons no íntimo de nosso ser. Além do mais, seremos justificados pelo que somos em nosso interior, e não por nossas obras.

Dentre os principais conceitos da espiritualidade corporativa podemos encontrar:

A Inspiração e a Ciência

Os conhecimentos científicos são aliados aos conhecimentos das experiências diárias de cada um de nós, e a inspiração é o elemento que possibilita essa aproximação, pois é o sentimento que move o indivíduo a realizar as ações que deseja.

É interessante lembrar que o motivo para uma mudança está dentro de cada um de nós, e não no próximo.

A Criatividade e a Emoção

São a fonte da expressão individual. Quando a criatividade e a percepção dos sentimentos das emoções são desenvolvidas, o conhecimento racional pode ser mais bem apreendido. Não existe um ser humano que seja somente racional, e a emoção deve vir à tona para que as etapas seguintes possam ser trabalhadas.

Muito do que somos está ligado a emoções contidas em nosso eu interior e que, por algum motivo, foram arquivadas e precisam ser expostas para que possamos trabalhá-las e aproveitar essa grande oportunidade de melhoria.

A Saúde e o Bem-Estar

Representam a oportunidade de a empresa oferecer recursos para que o funcionário se mantenha equilibrado na saúde e no bem-estar, pois com o aspecto físico debilitado o colaborador estará impossibilitado de se desenvolver emocional, intelectual e espiritualmente.

Devemos nos lembrar que nosso corpo é nosso templo e o recebemos para que cuidássemos dele até o dia que o estaremos entregando ao nosso Pai. Assim, precisamos cuidar dele com todo o esmero possível.

A Liderança Eficaz

Busca mostrar a maneira mais adequada e humanizada que um líder tem para dialogar com seus colaboradores, que são os fatores fundamentais para que as mudanças ocorram.

A Mudança Organizacional

Começa por nós mesmos, e aqueles que são líderes devem estar cientes de que as mudanças ocorrem a partir do momento que eles mudam. Quem são esses líderes? São os diretores, gerentes, supervisores e toda a liderança intermediária de uma empresa. É através deles que crenças, atitudes e valores são transmitidos aos demais colaboradores da empresa.

A Responsabilidade Social

Representa um fator indispensável para que os colaboradores percebam que a sua atitude e a participação da empresa como cidadãos ultrapassam as cercanias da corporação.

Finalmente, a verdadeira união entre os pontos anteriormente mencionados nos levará ao resultado principal do processo de espiritualidade corporativa. Devemos buscar harmonizar a riqueza do valor material e financeiro com a riqueza do valor não-material, como o social, o ecológico e o espiritual.

"O Segredo do Sucesso

não é adivinhar o Futuro,

mas estar preparado

para um Futuro Incerto.

Melhor será

se você puder criá-lo."

Milton Augusto Galvão Zen

9. Conclusão

9. Conclusão

Uma empresa é feita pela participação e pela decisão de todos aqueles que nela trabalham, do seu corpo de acionistas aos seus trabalhadores de menor nível hierárquico.

O gerenciamento moderno passa pela correta alocação do ser humano no ambiente do trabalho, ou seja, a pessoa certa para o local adequado.

Isso significa que os aspectos humanos são tão importantes quanto os técnicos, visto que gerenciar uma equipe implica trabalhar adequadamente com os princípios e valores éticos e morais.

Tudo o que foi colocado para os leitores nessa edição tem por finalidade relembrar e trazer à tona uma série de aspectos que são hoje de extrema importância para a correta condução de um negócio.

O ser humano é a parte mais importante de um negócio, já que ele é o responsável por todas as decisões e ações empresariais. Sendo assim, a empresa é o espelho das necessidades e vaidades humanas.

Assim, tenho a plena certeza de que necessitamos mais do que nunca buscar os princípios éticos do bom relacionamento, lembrando que devemos ser pessoas boas no nosso íntimo e não apenas em nosso exterior. O que importa é a nossa essência, o nosso coração. Com certeza, lá está a maior força de uma mudança.

Nas empresas que têm progredido ou que estão entre as melhores para se trabalhar, os aspectos espiritualistas têm sido muito considerados, pois estamos aos poucos descobrindo que existe algo a mais além do que hoje vivemos e consideramos como nossa realidade.

Milton Augusto Galvão Zen

Tenho certeza também de que o caminho que leva em consideração as necessidades e anseios dos seres humanos é um caminho sem volta.

Referências Bibliográficas

ALBRECHT, Karl. *O gerente e o estresse*. Editora JZE.

ALMEIDA, Sérgio. *Cliente – eu não vivo sem você*. Casa da Qualidade.

_____. *Cliente nunca mais*. Casa da Qualidade.

ANDERSON, Krsitin e ZEMKE, Ron. *Fornecendo um superserviço ao cliente*. Editora Campus.

BLANCHARD, Kenneth; ZIGARMI, Patrícia e ZIGARMI, Drea. *Liderança e o Gerente Minuto*. Editora Record.

CAMPOS, Vicente Falconi. *Gerenciamento pelas diretrizes*. Fundação Christiano Ottoni.

_____. *Gerenciamento da rotina*. QFCO.

CARRETEIRO, Ronald P. e MOURA, Carlos. *Lubrificantes e lubrificação*. Makron Books.

DAVIS, Frank Stephen. *Terceirização e multifuncionalidade*. Editora STS.

DEVELIN, Nick. *Kaisen II*. Iman.

FONTANELLA, Denise; TAVARES, Eveline e LEIRIA, Jerônimo Souto. *O lado (des)humano da terceirização*. Casa da Qualidade.

GOVONI, Cundiff Stil. *Marketing básico*. Editora Atlas.

Grande Dicionário Larousse Cultural da Língua Portuguesa. Editora Nova Cultural.

GRAY, John. *Homens são de Marte, mulheres são de Vênus*. Editora Rocco.

HABU, Naoshi; KOIZUMI, Yoichi e OHMORI, Yoshifumi. *Implementação de 5S's*. Ceman.

HOLANDA, Aurélio Buarque de. *Novo dicionário Aurélio*. Editora Nova Fronteira.

HORTA, Rodolfo A. *Delegando com sucesso*. COP Editora.

IMAI, Masaaki. *Kaizen*. Iman.

JUNQUEIRA, Luiz Augusto Costacurta. *Administração do tempo*. COP Editora.

_____. *Negociação*. COP Editora.

_____. *Tempo do executivo*. COP Editora.

KARDEC, Alan e NASCIF, Júlio. *Manutenção – função estratégica*. Qualitymark Editora.

LEIRIA, Jerônimo. *Terceirização*. Editora Ortiz.

LEIRIA, Jerônimo; ELTZ, Fábio L. F. e SOUTO, Carlos F. *Gerenciamento de contratos*. CLT Editores.

LOBOS, Julio. *Encantando o cliente externo e interno*. Instituto da Qualidade.

MARINS, Luiz, Ph.D. *Acredite! você foi feito para o sucesso*. Commit.

MILET, Evandro Barreira. *Qualidade em serviços*. Ibict.

MINARELLI, José A. *Empregabilidade*. Editora Gente.

MIRSHAWKA, Victor. *Manutenção preditiva – caminho para zero defeito*. Makron Books.

MIRSHAWKA, Victor e OLMEDO, Napoleão. *Manutenção – combate aos custos de não-eficácia*. Makron Books.

_____. *TPM – A moda brasileira*. Makron Books.

Referências Bibliográficas

MOLLER, Claus. *O lado humano da qualidade*. Editora Pioneira.

MOUBRAY, John. *RCM-II – Reliability centred maintenance*. BH.

NAKAJIMA, Seiichi. *Introdução ao TPM*. IMC Internacional.

OSADA, Takashi. *House keeping 5S's*. Iman.

QUEIRÓS, Carlos Alberto R. S. de. *Manual de terceirização*. Editora STS.

RIBEIRO, Haroldo. *5S's – base para qualidade total*. Casa da Qualidade.

_____. *5S's – barreiras e soluções*. Casa da Qualidade.

RUNGE, Peter R. F. e DUARTE, Gilson N. *Lubrificantes nas indústrias*. Tribonconcept.

SCHOLTES, Peter R. *Times da qualidade*. Joiner Associates Inc. Qualitymark Editora.

SILVEIRA NETO, Fernado Henrique da. *Outra reunião*. COP Editora.

TAKAHASHI, Yoshikazu e OSADA, Takashi. *TPM*. Iman.

TAVAREZ, Lourival. *Excelência na manutenção*. Casa da Qualidade.

WEBSTER, Frederick E. e WIND, Yoram. *O comportamento do comprador industrial*. Editora Atlas.

WERKEMA, Maria Cristina C. *TQC – ferramentas da qualidade*. QFCO.

QUALITYMARK EDITORA

Entre em sintonia com o Mundo

Qualitymark Editora Ltda.

Rua José Augusto Rodrigues, 64 – sl. 101
Polo Cine e Vídeo – Jacarepaguá
22275-047 – Rio de Janeiro – RJ
Tels.: (21) 3597-9055 / 3597-9056
Vendas: (21) 3296-7649

E-mail: quality@qualitymark.com.br

www.qualitymark.com.br

Dados Técnicos:

• Formato:	16 x 23 cm
• Mancha:	12 x 19 cm
• Fontes Títulos:	Humanst521 Cn BT
• Fontes Texto:	BookmanOldStyle
• Corpo:	11
• Entrelinha:	13,2
• Total de Páginas:	136